U0152191

心一堂術數古籍珍本叢刊

書名：章仲山注《玄機賦》《元空秘旨》
　　　附《口訣中秘訣》《因象求義》等九種合刊
系列：心一堂術數古籍珍本叢刊　堪輿類　無常玄空珍秘系列　第三輯　203
作者：【清】章仲山　等注
主編、責任編輯：陳劍聰
心一堂術數古籍珍本叢刊編校小組：陳劍聰　素聞　梁松盛　鄒偉才　虛白盧主

出版：心一堂有限公司
通訊地址：香港九龍旺角彌敦道六一〇號荷李活商業中心十八樓〇五一〇六室
網址：publish.sunyata.cc
電話號碼：(852)67150840
深港讀者服務中心：中國深圳市羅湖區立新路六號羅湖商業大廈負一層〇〇八室
電郵：sunyatabook@gmail.com
網店：http://book.sunyata.cc
淘寶店地址：https://shop210782774.taobao.com
微店地址：https://weidian.com/s/1212826297
臉書：https://www.facebook.com/sunyatabook
讀者論壇：http://bbs.sunyata.cc/

版次：二零一八年一月初版
平裝

定價：港幣　　　二百六十八元正
　　　新台幣　　九百九十八元正

國際書號：ISBN 978-988-8317-91-2

版權所有　翻印必究

心一堂微店二維碼

心一堂淘寶店二維碼

香港發行：香港聯合書刊物流有限公司
地址：香港新界大埔汀麗路36號中華商務印刷大廈3樓
電話號碼：(852)2150-2100
傳真號碼：(852)2407-3062
電郵：info@suplogistics.com.hk

台灣發行：秀威資訊科技股份有限公司
地址：台灣台北市內湖區瑞光路七十六巷六十五號一樓
電話號碼：+886-2-2796-3638
傳真號碼：+886-2-2796-1377
網絡書店：www.bodbooks.com.tw
台灣國家書店讀者服務中心：
地址：台灣台北市中山區松江路二〇九號一樓
電話號碼：+886-2-2518-0207
傳真號碼：+886-2-2518-0778
網絡書店：http://www.govbooks.com.tw

中國大陸發行　零售：深圳心一堂文化傳播有限公司
深圳地址：深圳市羅湖區立新路六號羅湖商業大廈負一層〇〇八室
電話號碼：(86)0755-82224934

心一堂術數古籍 珍本 叢刊 整理 叢刊 總序

術數定義

術數，大概可謂以「推算（推演）、預測人（個人、群體、國家等）、事、物、自然現象、時間、空間方位等規律及氣數，並或通過種種『方術』，從而達致趨吉避凶或某種特定目的」之知識體系和方法。

術數類別

我國術數的內容類別，歷代不盡相同，例如《漢書・藝文志》中載，漢代術數有六類：天文、曆譜、五行、蓍龜、雜占、形法。至清代《四庫全書》，術數類則有：數學、占候、相宅相墓、占卜、命書、相書、陰陽五行、雜技術等，其他如《後漢書・方術部》、《藝文類聚・方術部》、《太平御覽・方術部》等，對於術數的分類，皆有差異。古代多把天文、曆譜、及部分數學均歸入術數類，而民間流行亦視傳統醫學作為術數的一環；此外，有些術數與宗教中的方術亦往往難以分開。現代民間則常將各種術數歸納為五大類別：命、卜、相、醫、山，通稱「五術」。

本叢刊在《四庫全書》的分類基礎上，將術數分為九大類別：占筮、星命、相術、堪輿、選擇、三式、讖諱、理數（陰陽五行）、雜術（其他）。而未收天文、曆譜、算術、宗教方術、醫學。

術數思想與發展——從術到學，乃至合道

我國術數是由上古的占星、卜筮、形法等術發展下來的。其中卜筮之術，是歷經夏商周三代而通過「龜卜、蓍筮」得出卜（筮）辭的一種預測（吉凶成敗）術，之後歸納並結集成書，此即現傳之《易

經過春秋戰國至秦漢之際，受到當時諸子百家的影響、儒家的推崇，遂有《易傳》等的出現，原本是卜筮術書的《易經》，被提升及解讀成有包涵「天地之道（理）」之學。因此，《易·繫辭傳》曰：「易與天地準，故能彌綸天地之道。」

漢代以後，易學中的陰陽學說，與五行、九宮、干支、氣運、災變、律曆、卦氣、讖緯、天人感應說等相結合，形成易學中象數系統。而其他原與《易經》本來沒有關係的術數，如占星、形法、選擇，亦漸漸以易理（象數學說）為依歸。《四庫全書·易類小序》云：「術數之興，多在秦漢以後。要其旨，不出乎陰陽五行，生尅制化。實皆《易》之支派，傅以雜說耳。」至此，術數可謂已由「術」發展成「學」。

及至宋代，術數理論與理學中的河圖洛書、太極圖、邵雍先天之學及皇極經世等學說給合，通過術數以演繹理學中「天地中有一太極，萬物中各有一太極」（《朱子語類》）的思想。術數理論不單已發展至十分成熟，而且也從其學理中衍生一些新的方法或理論，如《梅花易數》、《河洛理數》等。

在傳統上，術數功能往往不止於僅作為趨吉避凶的方術，及「能彌綸天地之道」的學問，亦有其「修心養性」的功能，「與道合一」（修道）的內涵。《素問·上古天真論》：「上古之人，其知道者，法於陰陽，和於術數。」數之意義，不單是外在的算數、歷數、氣數，而是與理學中同等的「道」、「理」--心性的功能，北宋理氣家邵雍對此多有發揮：「聖人之心，是亦數也」、「萬化萬事生乎心」、「心為太極」。《觀物外篇》：「先天之學，心法也。……蓋天地萬物之理，盡在其中矣，心一而不分，則能應萬物。」反過來說，宋代的術數理論，受到當時理學、佛道及宋易影響，認為心性本質上是等同天地之太極。天地萬物氣數規律，能通過內觀自心而有所感知，即是內心也已具備有術數的推演及預測、感知能力；相傳是邵雍所創之《梅花易數》，便是在這樣的背景下誕生。

《易·文言傳》已有「積善之家，必有餘慶；積不善之家，必有餘殃」之說，至漢代流行的災變說及讖緯說，我國數千年來都認為天災，異常天象（自然現象），皆與一國或一地的施政者失德有關；下

至家族、個人之盛衰，也都與一族一人之德行修養有關。因此，我國術數中除了吉凶盛衰理數之外，人心的德行修養，也是趨吉避凶的一個關鍵因素。

術數與宗教、修道

在這種思想之下，我國術數不單只是附屬於巫術或宗教行為的方術，又往往是一種宗教的修煉手段──通過術數，以知陰陽，乃至合陰陽（道）。「其知道者，法於陰陽，和於術數。」例如，「奇門遁甲」術中，即分為「術奇門」與「法奇門」兩大類。「法奇門」中有大量道教中符籙、手印、存想、內煉的內容，是道教內丹外法的一種重要外法修煉體系。甚至在雷法一系的修煉上，亦大量應用了術數內容。此外，相術、堪輿術中也有修煉望氣（氣的形狀、顏色）的方法；堪輿家除了選擇陰陽宅之吉凶外，也有道教中選擇適合修道環境（法、財、侶、地中的地）的方法，以至通過堪輿術觀察天地山川陰陽之氣，亦成為領悟陰陽金丹大道的一途。

易學體系以外的術數與的少數民族的術數

我國術數中，也有不用或不全用易理作為其理論依據的，如揚雄的《太玄》、司馬光的《潛虛》。也有一些占卜法、雜術不屬於《易經》系統，不過對後世影響較少而已。

外來宗教及少數民族中也有不少雖受漢文化影響（如陰陽、五行、二十八宿等學說。）但仍自成系統的術數，如古代的西夏、突厥、吐魯番等占卜及星占術，藏族中有多種藏傳佛教占卜術、苯教占卜術；北方少數民族有薩滿教占卜術；不少少數民族如水族、白族、布朗族、佤族、彝族、苗族等，皆有占雞（卦）草卜、雞蛋卜等術，納西族的占星術、占卜術，彝族畢摩的推命術、占卜術⋯⋯等等，都是屬於《易經》體系以外的術數。相對上，外國傳入的術數以及其理論，對我國術數影響更大。

曆法、推步術與外來術數的影響

我國的術數與曆法的關係非常緊密。早期的術數中，很多是利用星宿或星宿組合的位置（如某星在某州或某宮某度）付予某種吉凶意義，并據之以推演，例如歲星（木星）、月將（某月太陽所躔之宮次）等。不過，由於不同的古代曆法推步的誤差及歲差的問題，若干年後，其術數所用之星辰的位置，已與真實星辰的位置不一樣了；此如歲星（木星），早期的曆法及術數以十二年為一周期（以應地支），與木星真實周期十一點八六年，每幾十年便錯一宮。後來術家又設一「太歲」的假想星體來解決，是歲星運行的相反，週期亦剛好是十二年。而術數中的神煞，很多即是根據太歲的位置而定。又如六壬術中的「月將」，原是立春節氣後太陽躔娵訾之次，當時沈括提出了修正，但明清時六壬術中「月將」仍然沿用宋代沈括修正的起法沒有再修正。

由於以真實星象周期的推步術是非常繁複，而且古代星象推步術本身亦有不少誤差，大多數術數除依曆書保留了太陽（節氣）、太陰（月相）的簡單宮次計算外，漸漸形成根據干支、日月等的各自起例，以起出其他具有不同含義的眾多假想星象及神煞系統。唐宋以後，我國絕大部分術數都主要沿用這一系統，也出現了不少完全脫離真實星象的術數，如《子平術》、《紫微斗數》、《鐵版神數》等。後來就連一些利用真實星辰位置的術數，如《七政四餘術》及選擇法中的《天星選擇》，也已與假想星象及神煞混合而使用了。

隨着古代外國曆（推步）、術數的傳入，如唐代傳入的印度曆法及術數，元代傳入的回回曆等，其中我國占星術便吸收了印度占星術中羅睺星、計都星等而形成四餘星，又通過阿拉伯占星術而吸收了其中來自希臘、巴比倫占星術的黃道十二宮、四大（四元素）學說（地、水、火、風），並與我國傳統的二十八宿、五行說、神煞系統並存而形成《七政四餘術》。此外，一些術數中的北斗星名，不用我國傳統的星名：天樞、天璇、天璣、天權、玉衡、開陽、搖光，而是使用來自印度梵文所譯的：貪狼、巨

門、祿存、文曲、廉貞、武曲、破軍等，此明顯是受到唐代從印度傳入的曆法及占星術所影響。如星命術中的《紫微斗數》及堪輿術中的《撼龍經》等文獻中，其星皆用印度譯名。及至清初《時憲曆》，置閏之法則改用西法「定氣」。清代以後的術數，又作過不少的調整。

此外，我國相術中的面相術、手相術，唐宋之際受印度相術影響頗大，至民國初年，又通過翻譯歐西、日本的相術書籍而大量吸收歐西相術的內容，形成了現代我國坊間流行的新式相術。

陰陽學——術數在古代、官方管理及外國的影響

術數在古代社會中一直扮演着一個非常重要的角色，影響層面不單只是某一階層、某一職業、某一年齡的人，而是上自帝王，下至普通百姓，從出生到死亡，不論是生活上的小事如洗髮、出行等，大事如建房、入伙、出兵等，從個人、家族以至國家，從天文、氣象、地理到人事、軍事，從民俗、學術到宗教，都離不開術數的應用。我國最晚在唐代開始，已把以上術數之學，稱作陰陽（學），行術數者稱陰陽人。（敦煌文書、斯四三二七唐《師師漫語話》：「以下說陰陽人謾語話」，此說法後來傳入日本，今日本人稱行術數者為「陰陽師」）。一直到了清末，欽天監中負責陰陽術數的官員中，以及民間術數之士，仍名陰陽生。

古代政府的中欽天監（司天監），除了負責天文、曆法、輿地之外，亦精通其他如星占、選擇、堪輿等術數，除在皇室人員及朝庭中應用外，也定期頒行日書、修定術數，使民間對於天文、日曆用事吉凶及使用其他術數時，有所依從。

我國古代政府對官方及民間陰陽學及陰陽官員，從其內容、人員的選拔、培訓、認證、考核、律法監管等，都有制度。至明清兩代，其制度更為完善、嚴格。

宋代官學之中，課程中已有陰陽學及其考試的內容。（宋徽宗崇寧三年〔一一零四年〕崇寧算學令：「諸學生習……並曆算、三式、天文書。」「諸試……三式即射覆及預占三日陰陽風雨。天文即預

定一月或一季分野災祥，並以經備草合問為通。」

金代司天臺，從民間「草澤人」（即民間習術數人士）考試選拔：「其試之制，以《宣明曆》試推步，及《婚書》、《地理新書》試合婚、安葬，並《易》筮法，六壬課、三命、五星之術。」（《金史》卷五十一·志第三十二·選舉一）

元代為進一步加強官方陰陽學對民間的影響、管理、控制及培育，除沿襲宋代、金代在司天監掌管陰陽學及中央的官學陰陽學課程之外，更在地方上增設陰陽學課程（《元史·選舉志一》：「世祖至元二十八年夏六月始置諸路陰陽學。」）地方上也設陰陽學教授員，培育及管轄地方陰陽人。（《元史·選舉志一》：「（元仁宗）延祐初，令陰陽人依儒醫例，於路、府、州設教授員，凡陰陽人皆管轄之，而上屬於太史焉。」）自此，民間的陰陽術士（陰陽人）被納入官方的管轄之下。

至明清兩代，陰陽學制度更為完善。中央欽天監掌管陰陽學，明代地方縣設陰陽學正術，各州設陰陽學典術，各縣設陰陽學訓術。陰陽人從地方陰陽學肄業或被選拔出來後，再送到欽天監考試。（《大明會典》卷二二三：「凡天下府州縣舉到陰陽人堪任正術等官者，俱從吏部送（欽天監），考中，送回選用；不中者發回原籍為民，原保官吏治罪。」）清代大致沿用明制，凡陰陽術數之流，悉歸中央欽天監及地方陰陽官員管理、培訓、認證。至今尚有「紹興府陰陽印」、「東光縣陰陽學記」等明代銅印，及某某縣某某之清代陰陽執照等傳世。

清代欽天監漏刻科對官員要求甚為嚴格。《大清會典》「國子監」規定：「凡算學之教，設肄業生。滿洲十有二人，蒙古、漢軍各六人，於各旗官學內考取。漢十有二人，於舉人、貢監生童內考取。」學生在官學肄業、貢監生肄業或考得舉人後，經過了五年對天文、算法、陰陽學的學習，其中精通陰陽術數者，會送往漏刻科。而在欽天監供職的官員，《大清會典則例》「欽天監」規定：「本監官生三年考核一次，術業精通者，保題升用。不及者，停其升轉，再加學習。如能黽

勉供職，即予開復。仍不及者，降職一等，再令學習三年，能習熟者，准予開復，仍不能者，黜退。」

除定期考核以定其升用降職外，《大清律例》中對陰陽術士不準確的推斷（妄言禍福）是要治罪的。《大清律例・一七八・術七・妄言禍福》：「凡陰陽術士，不許於大小文武官員之家妄言禍福，違者杖一百。其依經推算星命卜課，不在禁限。」大小文武官員延請的陰陽術士，自然是以欽天監漏刻科官員或地方陰陽官員為主。

官方陰陽學制度也影響鄰國如朝鮮、日本、越南等地，一直到了民國時期，鄰國仍然沿用着我國的多種術數。而我國的漢族術數，在古代甚至影響遍及西夏、突厥、吐蕃、阿拉伯、印度、東南亞諸國。

術數研究

術數在我國古代社會雖然影響深遠，「是傳統中國理念中的一門科學，從傳統的陰陽、五行、九宮、八卦、河圖、洛書等觀念作大自然的研究。⋯⋯傳統中國的天文學、數學、煉丹術等，要到上世紀中葉始受世界學者肯定。可是，術數還未受到應得的注意。術數在傳統中國科技史、思想史，文化史、社會史，甚至軍事史都有一定的影響。⋯⋯更進一步了解術數，我們將更能了解中國歷史的全貌。」（何丙郁《術數、天文與醫學中國科技史的新視野》，香港城市大學中國文化中心。）

可是術數至今一直不受正統學界所重視，加上術家藏秘自珍，又揚言天機不可洩漏，「（術數）乃吾國科學與哲學融貫而成一種學說，數千年來傳衍嬗變，或隱或現，全賴一二有心人為之繼續維繫，賴以不絕，其中確有學術上研究之價值，非徒癡人說夢，荒誕不經之謂也。其所以至今不能在科學中成立一種地位者，實有數因。蓋古代士大夫階級目醫卜星相為九流之學，多恥道之；而發明諸大師又故為恫恍迷離之辭，以待後人探索；間有一二賢者有所發明，亦秘莫如深，既恐洩天地之秘，復恐譏為旁門左道，始終不肯公開研究，成立一有系統說明之書籍，貽之後世。故居今日而欲研究此種學術，實一極困難之事。」（民國徐樂吾《子平真詮評註》，方重審序）

現存的術數古籍，除極少數是唐、宋、元的版本外，絕大多數是明、清兩代的版本。其內容也主要是明、清兩代流行的術數，唐宋或以前的術數及其書籍，大部分均已失傳，只能從史料記載、出土文獻、敦煌遺書中稍窺一鱗半爪。

術數版本

坊間術數古籍版本，大多是晚清書坊之翻刻本及民國書賈之重排本，其中豕亥魚魯，或任意增刪，往往文意全非，以至不能卒讀。現今不論是術數愛好者，還是民俗、史學、社會、文化、版本等學術研究者，要想得一常見術數書籍的善本、原版，已經非常困難，更遑論如稿本、鈔本、孤本等珍稀版本。

在文獻不足及缺乏善本的情況下，要想對術數的源流、理法、及其影響，作全面深入的研究，幾不可能。

有見及此，本叢刊編校小組經多年努力及多方協助，在海內外搜羅了二十世紀六十年代以前漢文為主的術數類善本、珍本、鈔本、孤本、稿本、批校本等數百種，精選出其中最佳版本，分別輯入兩個系列：

一、心一堂術數古籍珍本叢刊
二、心一堂術數古籍整理叢刊

前者以最新數碼（數位）技術清理、修復珍本原本的版面，更正明顯的錯訛，部分善本更以原色彩色精印，務求更勝原本。并以每百多種珍本、一百二十冊為一輯，分輯出版，以饗讀者。

後者延請、稿約有關專家、學者，以善本、珍本等作底本，參以其他版本，古籍進行審定、校勘、注釋，務求打造一最善版本，方便現代人閱讀、理解、研究等之用。

限於編校小組的水平，版本選擇及考證、文字修正、提要內容等方面，恐有疏漏及舛誤之處，懇請方家不吝指正。

心一堂術數古籍　整理　珍本　叢刊編校小組

二零零九年七月序

二零一四年九月第三次修訂

章仲山注《玄機賦》《元空秘旨》附《口訣中秘訣》《圖象求義》等九種合刊

一

四明山人著

章仲山先生解

元空秘旨

口初氏抄

目次

第八　因象求義　三頁

共二十四頁

元空秘旨

幕講禪師著

錫山無心道人解　章仲山

元空共倒地翻天隨時變易之元机也幕講深得其奧作此秘

旨闡發青囊天玉之至理九星双起之元闗辨吉凶定盛衰發

皆中節靈如桴鼓真理氣之金鍼也

不知變易但知不易九星八卦皆空不識三般邪識兩用凡屬五行

盡錯顛之倒之轉禍福于指掌之間左挨右挨辨吉凶于毫芒之

際一天星斗運用正在中央九曜干支旋轉由乎此極

此言元空大卦陰陽五行縱橫顛倒變化不測毫厘千里甚

屬元微幕講恐讀此無所適從又將象星旋轉之机以示

人謂象星之所以旋轉也其机在乎此極陰陽之所以顛倒

也其樞在乎三般讀此細之揣之則從橫顛倒之机隨時變易

之理自可得而知矣

夫婦相逢於道路卻嫌阻隔不通情兒孫盡在庭门猶恐匄

禎無孝義

相逢共即山上水裡陰陽相見配合生之之謂也相見而得其

耶。自有福祿之蔭。相見而不得其所。便是禍咎之根。用法即得。

是方或逢形勢反背。水法傾流。似是而非。定有阻隔必須之更

變矣。○此節及下文總言山上水裡捒星得失之元微。其中奧

妙全在說卦以推氣。用卦以明理。繫詞以辨吉凶。因形察氣。因

氣求形以推休咎也。

卦爻亂雜異性同居吉凶相併螟蛉為嗣。

出卦則卦氣雜亂。雜亂則龍神交戰。自有此凶。雜亂指

干支方位而言。相併指捒星及伏而言耶謂用得即是相

見用失便謂之反吟

山風值，而泉石膏肓午酉逢，而江湖花柳星聯奎壁啟八代之文章胃入斗牛積千箱之玉帛雞交鼠而傾洩必犯徒流雷出地而相冲定遭桎梏

星必奎土壁木胃土斗木牛金

艮為山止也陽在上則止巽為風入也陰在下則伏艮山不事王侯高尚之士也伏艸風隱逸不求聞達於諸侯也止伏相投自有泉石之癖離為火為目為心慵性喜流動兌為金為少女為妾性愛驕夸離麗也一陰附于陽則喜兌說也少陰出于陽則說離兌

相逢故有江湖花柳之态也星应日司文章翰墨之神躔于奎壁定

卜文才傑出胃為土主倉廩五穀之府躔于牛斗定致千箱之積兑

加如坎或傾瀉奔流一遇歲君徒流不免震若交坤或相冲相射年

逢三碧桎梏雖逃

火若尅金兼化木数經回禄之災土能制水复生金定主田庄之富木

見火而生聰明高士火見土而出愚鈍頑夫無室家之相依奔走于東

西道路鮮姻緣之作合寄食于南北人家

此節專言生尅制化之理妙在山水峯巒五星九星正變之象辨

別清楚再辨元空隨時變易之机往來進退之理認得分明当

補共補當瀉共瀉制化得宜自能得心應手稍有偏勝宜見

榮枯理之必然共也如火金相剋當扶水以剋之或培土以洩之乃是

扶金旺水之至理若又以木助火之藉而愈熾木生火而愈旺囬祿

雜逃土剋水則水自涸得金曜重見洩土旺水自有庄之富旺謂強

共宜洩弱共宜扶即同此意火由木出母子相得木火通明定多

俊聰土本火生太過則炎火土燥自產頑男以安為室如以男

爲家無室無家是言孤陰孤陽無所依憑故言奔走寄食于

南北東西也。

男女多情無媒妁而為私合陰陽相見過寇雙言則反無情惟正配而

一交有夢蘭之兆得干神之雙至多折桂之英

多情言山形水勢相得之情媒妁謂立穴定向之得宜如立穴定向、

少有差錯猶男女不用媒妁便為私合陰陽雖得相見遇反伏

冲起上山下水顛倒誤用反恩為仇定見災殃雙至即干支品起

得宜山上水裡排来都吉之謂也此即青囊耶謂四神第一

世是也。

陰神滿地成羣，紅粉場中快活，火曜連珠相遇，青雲路上逍遙

非類相從，家多淫亂，姻親有合，出世賢良

四七九二為陰神，誤星重叠于水口三叉，或值門方向首男女

貪淫火曜，即尖秀挺拔之峯，排立於主山朝案，再又得一六

連珠之妙，自能早登科第，得志當時也，斯云相從相合共

總言山上水裡之元空及方位干支清純錯雜之應耳

覓棟入南離，竚見廳堂再煥，驅車朝北闕，時聞丹詔頻来全

無生氣入門，糧寒一宿，會有旺神到穴，富積千箱

覔共排也挨也挨排震木加于離火出乎震共復加以相見乎離故

有届堂之丙煥乾金排于坎水成乎地共又生乎天地生之不

息定主丹詔頻来無生氣有旺神撼言宜生不宜尅宜旺不

宜衰此亦趨旺避衰之最要共也 或是尅入為旺

相尅而有相済之功先天之乾坤大定相生而有相凌之害後 即是出生為退

天之金水相併

此言河圖洛書先後天陰陽變易之机五行顛倒之氣顛倒變

易相尅相生乃陰陽五行自然之理也且先天主體後天主 扣三点八相此

用為體ㄓ不可以用言為用ㄓ不可以體言所謂先天八卦體

用咸朋ㄓ此也

木傷土而金位重ㄓ禍須有救火煉金而水神叠ㄓ災尔能襄

土涸水而旺無妨金伐木而火笑無患

此節申言生尅制化得宜ㄓ妙必須形象兼看方得制化

ㄓ立精微如形合而氣不合或氣合而形不合稍有偏勝制

化雖得尔見榮枯理勢ㄓ必然ㄓ也

忌神旺而制神衰乃入室以操戈吉神衰而凶神旺立開門而

揖盜。

剋我步謂之忌神剠神即剠剋我之神也剠剋無權定見操戈

之患吉不敢凶自有揖盜之災要之一貴當權洪山咸服眾凶

主剋獨力難支此一扶生剠剋之一法也

重々剠入立見死亡位々生來連添喜氣不剋我而剠我同類多

鰥寡孤獨之人不生我而生我家人出俊秀聰明之士

出則不剋々則不生陰陽五行自然之理也卽云位々重々

指门方水口而言门方水口有生入剋入之官利同類家人指

干支卦爻而言干支卦爻有正剋傍剋之吉凶一凶一
一傍應隂各殊讀此當察五行之性情山水之形勢去來得
失之間趨生避死迎旺去衰目無死傷孤寡之患矣
為父受剋男不招兒為母受傷女雜得嗣後人不尚因生方
之反覆無情賢嗣承宗緣生位之端方朝揖
木受金剋長子雜招水被土傷次子無嗣皆指元空而言非
指方位乃云朝揖反覆蓋言山水之情形生方旺方是言
挨星之得之洧失生方果有真情相向并有朝揖情形

兒孫定多賢良孝友此即因形察氣因氣求形之一法揆

之熏形熏氣熏理而推休咎方能一毫不爽耳

我剋彼而竟遭其辱為財帛以喪身我生之而反受其殃因

產難而致死

生之太過反主死傷剋之太急反遭其辱均由形氣乘之

故昕謂過猶不及其此也

膓腹多水而膨脹足見金而踊躍巽宮水路遷乾主有吊梁之

兌位明堂破震定生吐血之災風行地而硬直難當室有欺

章仲山注《玄機賦》《元空秘旨》附《口訣中秘訣》《因象求義》等九種合刊 一七

姑之婦火燒天而張牙相鬪家生罵父之兒

坤爲腹爲土之衰不能剋水自有膨脹之疾震爲足爲木

爲肝之主血受乾兌金剋則木壞肝傷主足跛吐血之症

巽本爲長女坤爲老母風行地則坤母受剋于巽女更無

形勢硬直毋情故有欺姑之婦乾爲天爲父爲金乾金

受剋于離火更有張牙不遜之勢必生不孝之兒之不法

火閞風化全在立穴空兩之際斟酌得宜苟能挽逆爲順

实大有功于名教也○此節揔言相剋之利害腹膨吐血欺

姤罵父此皆形氣相剋之左玆也讀母當洏心參考務宜

無形無氣方得九星八卦之精微

患平声
義同

兩局相闘必生亭子孤龍單浩定有独夫
亭生患切又數患切音
涮一乳兩子也又方員切

兩局指承氣收水而言孤單指地氣形勢而言此節專言

龍水涧狹厚薄之應

坎宮高塞而耳聾離位傷殘而目瞎兌缺陷而唇亡齒寒

艮破碎而筋枯臂折山地被風吹還生風疾雷風因金宛

定破刀兵。

坎耳离目艮手震足撼魚形象而占休咎之驗其也秘、

旨耳言卦理是元空變易之卦理非南離北坎之定位也。

讀卅切勿誤會如坎方高塞定主耳聾离位傷殘必多目

疾兌取象于口缺陷自有唇凶齒缺之憂艮取象於身

手破碎自有臂折筋枯之患艮坤為土、被巽風吹劫風

疾雖逃震巽為木遭乾兌金傷刀兵必至種之均由㳄

橫顛倒相沖相射形象之斩㚢也。

家有少凶只為冲殘子息卦庭無着老都因應攻破父母爻

乾坤為父母六卦為子息此是八卦之父母也詩卦自為父母

三爻為子息此一卦之父母也如元空之父母子息則又以變

易千支毋為父母以何位何宮倒地翻天毋為子息耶云

冲殘攻破摁言生氣受故剋之故耳

漏道在坎宮遺精泄血破居軍吳位顛病風狂開口筆挿于

離方必落孫山之外離鄉砂飛於艮位定亡驛路之中

漏道共是水分兩家非分濱分枝之謂也坎為水為腎主

精血是方適逢傾瀉奔流便是腎虧不固自有遺精泄

血之病其餘顛病風狂撼是因形察氣之法耳

金水多情貪花戀酒木金相反背義忘恩震庚會局文臣

而黃武將之權丁丙朝乾貴客而有耆耄之壽夭市合丙坤富

堪敵國離壬會子癸喜產多男

金水多情金木相反是言元空之金木非東木西金之方位

也震為天盤祿庚號武爵元空會合文武全才丁為南

極丙為太微果有真情朝拱自能貴而多壽壽艮為天

市本主財祿又得火土相扶空然富敵王公離壬子癸會

成既濟主有多男之慶優然体必得其体用必得其

用方有是徵若拘～於呆法此百無一得

四生有合人文旺四旺無冲田宅饒丑未換局而出僧尼震矣

失宫而生賊馬南離北坎位極中天長庚啓明交戰四國

健而動～非佳兆止而靜～閲不宜富并陶朱斷是堆金積

王貴此王謝滉緣喬木扶疎辛比庚而辛更精神甲附乙而

甲益靈奇癸為元龍壬號紫毫昌盛各有攸司丙臨文曲

丁近傷官人財因之以耗之

有合毋冲毋即彼此生生毋冲射反伏之謂也東木西金南南

此坎毋是言四生四旺各得其宜之妙健動止靜謂干支計

支清池毋為靜為止錯襍毋為動為健如論山水則又以

形動毋為動形靜毋為靜所謂行乎其所不得不行止

乎其所不得不止氣勢兩無方是真止真動王謝陶朱

摠言水山峯巒體用兼得之炒也甲山庚辛不拘來山

去水方位干支須歸一路如丙雜巽丁入兌一泄一刻自有

偏枯耗散之病病矣。

見祿存瘟瘟必發遇文曲蕩子毋歸值廉貞而火災頻見逢

破軍而身体多虧四墓非吉陽土陰土貴剪裁四生非凶卦

內卦外由我取要知禍福因由妙天心裛篇

此節專辨諸星之應驗必須測氣象辨九星察形勢

看遠近再推五行生剋制化之理吉凶消長之机而言得、

言失言禍言福自能百不失一陰土陽土卦即借庫自庫

之謂也卦內卦外云卦即得失之謂也讀卦須從天心

顛倒之間裁取得失自無不當耳

青囊萬卷揔不出体用二字體有山水之分用有得

失之辨俾有移步之不同用有隨時之更變用必須

形而顯休咎體必因氣而見吉凶要之体無用不灵

用無体不驗必須形氣兩兼黙参九星生剋之理以

推休咎方得體用之精微此秘旨言體言用係分後

晰闡毖精詳無微不入非得青囊之奥奥河洛之

理曷焉能道其隻字耶

玄機賦

大哉居乎成敗所係微哉塋也興廢攸関氣口司一宅之樞机

龍穴樂三吉之輔佐陰陽雖分四路宗支只有兩家數列五

行體用恩仇始見星多九曜吉悔吝乃彰宅元不可損傷

用神最宜健旺值雖不傷只為難歸间地逢恩不嫌泄

緣恩洛仇宮一貴當權洪山自服眾星尅主獨力難支

陰陽李無二理體用各有專司陽宅重牀家口湏憑出

入門戶生旺陰地重于龍穴還湏三吉五吉輔佐盈虛消

長雖入四路祗有兩家宅元乃兩耴受之氣也兩上耴受

之氣斷不可与門路冲剋門路耴浮之氣有傷兩首耴

受之氣此即為損傷用神健旺仍以兩上耴之氣而言也

非另有用神也其餘總以內戶剋作之理宜推之髒用水

神元也乃龍穴耴喜之元雖歸向地凶謝之方恩落伏宮

剋剋無力也一貴居於生旺而犀山俯首眾星剋主獨

力雖走也

地泰天為泰老陰之土生老陽君坤配兌女庶妾雖投竄母之

歡心澤山為咸少男之情屬少女若艮配純陽鰥夫豈有發

生之机括乾兌托假隣之謳艮坤通你尔之情雙木成林雷

風相薄中爻得配水火方交

此即陰陽老少剛柔同心各自求之道也

火炎土燥南離何益於艮坤水冷金寒坎癸不滋乎乾兌

然四卦之互交固取生旺八宮之締合自有假真

兩卦分宗雖則離火不生艮坤之土坎水不滋乾兌之金分

東西納合之生刻全浚天子息卜取玄竅相通為四涯交

媾以求生旺也以下皆言八宮之締合其真假在乎先

天之納合耳○此節申言過猶不及之意体用都以和平

為貴○

輔臨丁丙 甫是艮、丁丙火生陽土位之朝班巨入艮坤田連阡陌名揚

科第貪狼星癸立 貪狼屬木在吳 立辛乃水生木 職寄閫戎武曲峯当庚、

震○

此節言九星中四吉雖貴必須歸垣得地若臨閫地依宮

継秀英雖邀吉慶○

風行地上決定傷脾火照澤天必當吐血水兼乾戌壯生難免鼓

歌盆流離來坤罣臣常遭婦賤艮非宜也節傷股折兊不利

牵脣亡齒宅坎宮缺陷而墮胎離位嶙峻而損目

言五行生尅之理陽陰偏勝之應驗總在山上水裏裡之五
行而有是也君拘方位弔猜何異癡人說夢盖天有五
星地有五行人有五臟人與天地一氣相通五行受尅五
臟即應此節耶言損目俾脾等之撼由形勢偏勝而見
之於五臟也

木為火神之本水為木氣之元奚陰就離風散而易息震陽

生次雷奮而火尤明震與坎為下交離共奚而暫合坎为生

氣浮奚木而附震聯歡乾之元神用兑金而旁城假主

言先天對待之夫妻固為正配若暫交合雖非正理亦得相

投相合而附寵聯歡旁城假主亦見均宜○此節專言九

星制作之法親疏遠近体用兼得方能应驗○

乾首坤腹八卦推詳癸足丁心十干類取曷洲河圖祕奧實

為天地元机

先天以八卦為體後天以八干為近取諸身遠取諸物以類相應也

此篇示目講師承作以補秘旨之不及與天玉諸經義理符合時師不識真机元妙之理故將陰陽顛倒却無應諭卯知陰陽二宅雖殊其理則一前天地無兩途陰陽無二理也

道光十四年甲午歲四月既望二泉山右無心道人註

離逢壬癸之向南離。坎得丁坤而榮貴丙逢辛艮以鍾靈、庚宜

艮震、坤遇癸爻。艮辛乃丁就樂許、兩畫吳為亥必送。兌

丁為正配見亥艮而富尤奇。辛見吳之見辛兩承炒用。艮生壬、

壬坐丙誠為上吉。天市見庚才堪文武少男遇吳福壽離全。

此賓卦氣之攸同抑陰陽之相見也。

坤吳離山水就神介之齊

乾兌必派坤艮
貴震必派吳加
坤吳離兮

上一句有作吳坤高
向吳坤高俱若

月一家宜卦分兌艮分上下一个東東一个西

乾震坎中乾震坎一家骨

有作卦分兌艮隨三合。兩个東東兩个西。此是

元空真妙訣毋庸濫授洩天机。

政曰此抽爻換象一家男有撲星法不諭堂慶曰政
不懂三元天元遄竟將先天卦体批作抽爻換象。

九星生旺尅煞章

一白水為中男、為魁首、文章之府生旺、少年科第名播華夷。尅煞、刑妻瞎眼飄蕩夭亡。

二黑土生旺人丁財祿武貴朝堂要奪天權陰謀鄙吝尅煞、夭亡寡婦腹疾癬瘡。

三碧木為長男生旺與家立業貢監功名尅煞、疝瘰嗟病。

殘疾刑妻是非官訟家業蕭條。

四綠木為長女為文昌生旺科奕世文名科第聯芳女貌端

奸邪○姊姐貴族魁煞、疾嗉目盲婦女污濫○男子飄流泛色破退○

五黄土為戊己大煞、不論生剋俱大凶宜安靜不宜動作年、

神并臨即損人丁輕則突病、重則重喪且主孝昏迷痴呆○

官訟瀋亂

六白金為老陽生旺威權震卅武職勳名且主富而多子勉

煞刑妻孤獨寡寡婦傷家

七赤金為少女生旺裝才旺丁武途仕宦宦○剋煞投軍橫死盜

賊刑名火災損少口舌官非

八白土為少男、生旺孝義忠良富貴綿遠、剋煞幼小損傷、

瘟瘟膨脹脈。

九紫火、為中女生旺文章科第、礫致榮華中房受蔭易

廢易興赳煞吐血傷殘、伶仃孤苦產亡目疾回祿官災。

宅相

陽基形勢貴裁量僕妾兒孫各有房一步一星隨地變门窓衢

路相批詳天光落处看風色此事精微莫顯揚一宅之中灾福異

你尘你咒在微汒　僕妾及兒孫之房澄要生家長之房或相比不得相剋門�8路卷。天光落处俱妾生旺之氣然此事甚精微溻其指步慎勿輕淺以遣

三六

論天主星盰克之房爲死氣。如金見木之見土等類。出行此方失財。
房門此方生女。然坤艮見一白震巽見八白離見六白坎見九紫皆
爲生氣財旺生官功名顯達主延盰生之方爲退氣。如水見木之見
火等類。犯之退田庄損六畜人口瘰雜房門犯此漏胎小產。然火
見八白金見一白土見六白木見紫九皆爲善曜逢生旺運却生貴子科
第聯芳。主受尅方爲煞氣如水見土之見木等類犯之人才
不旺甚至破滅然水見八白又爲合貴火見一白又爲相配此理
精微細分宜克。

愚按此以一六八九不興死煞退論又與前章不同亦
可參看均不可拘之一格元丨

三元選擇歌

麻衣先生著

人家起造併修作選用須斟酌　吉星貢福惡星災年月

日時排先課行年家長命　吉凶分明定進宮吉宿退宮方

方見有災殃天地陰陽併日月五行分明別三元根本最

為精五兆要相生相剋相對冲家破敗只此為災怪相生

災鬼逐爻分父母及兒孫且論積筭三元祖九曜傳今古連

珠逼甲替宮飛一一要君知年月日時四課上仔細看佈

樣忽然紫白一時加方道實堪誇吉時有氣方為吉九紫三

白位凶星值旺一時凶黃黑滯皆同吉凶宜尔分明說切怕

臨墓絕五行中有箭殺逐一要分別刑殺若臨傷暴凶

本命為端的白有中殺少人知臨死却求醫六揌殺惟看

四墓辰戌丑未處三年兩載禍頻頻退敗又傷人太歲一

星名最惡莫教侵犯着家破瘟火事無休夫婦女人

憂八白仍復審金木三元五行足本宮是本木外末金內外

自相征乾父坤母震居長艮少坎中相巽為長女妹中宮

兑艸離女中甲首乚喉兩兩目癸足丁心感戊亡腹庚腰辛膝領

壬居乾首坤腹震手足三元互宫莫容易五行亦同例金

來入木必遭殃水土主瘟瘟木居土上多瘡癰產婦併傷

折火入金位必紅光瘟癰及災殃犯着太歲併月建令

人家破敗時師只道白居方到了便為殃生殺之宫元來

吉聰明多官職修營必定進田庄牛馬遍山岡二黒凶星

君莫犯多被明時師賺破家瘟火損其妻水土報君知

三碧為生參長房福祿更難量君然為殺長房殃暴

死見閻王四綠為殺莫與工長子禍重六如作恩星福自來

長子庫常開五黃真是凶神位瘟瘟病遭官鬼因圍六畜

盡皆傷骨肉見分張七赤為蚩癸少房少女得衣糧如

臨殺地須防少不可修道三元且有暗建殺署興與時

師話一白二黑至中宮坤坎却為凶九星墓絕真難識

五行數中覓乾坤艮巽四宮流入着便為休水侵火土黃

虛膧土木奸邪重開牛交劍煞難當金木白刑傷申子

辰水居一六土五十尋逐火數寅午戌為殃二七莫高量

木殺怕逢亥卯未三八分明忌金逢四九莫多之巳酉丑年這

奉勸時師仔細籌訣定誅星斷但求五曜及三元萬古

總流傳

五行明篇

春木旺火相土死金囚水休

旺相死休囚五字循環運用妙

夏火旺土相金死水囚木休

每竊旺相吉星当位立福如春卅

秋金旺水相木死火囚土休

信堪奇非但消災并減禍自然光

冬水旺木相火死土囚金休

顯吉相依休死吉凶何处斷禍

四季月土旺金相水死木囚火休　亦少兮福亦稀。盖行五。其用

雖同旺各不同也。

用得具神無氣机終難嘗趾自衰贏旺相凶星無垃得

禍殃灾厄淵柴靠非但破才并疾病亦主死絶百盤衰

若是凶星皆凶死宅灰無譏免灾危半吉半凶休憩立

前有灾愆後有秋憖念吉星逢旺氣自能嘗福減灾

尤。○我生為相　生我為休　克我為囚　我克

為死　同我為旺　○此篇以補選擇歌之不及云一

星辰關篇

立極初分九位星　相生相剋遞相成　冬至水兮夏至火　主南主北

自分明春分三碧秋分赤　四分旺氣又須識　惟有坤艮及中

宮　二五之星君未得　艮為陽土立春興　坤為陰土秋多力　五黃

最是無定星　在陽比陽合陽德　夏至以後配作坤山黑亦同

于二黑自是此星無定　淮陽遞順兮陰遞　逆順為吉兮逆為

凶　神仙妙用淮人識　乾坤艮震為陽宮　五黃到處得和同吳

離坤兌為陽　地二黃處終不利　惟有陽時又陰宮則向人間

增善瑞君然陽遁更居陽能作瘟瘟成氣疾有乂曉此天机
千萬之中無一二萬工以下年白吉千百之工月白利臨時斟
酌自消詳旺相吉兮凶死殃但取吉星乘旺用測小神煞自
無妨第一凶星為七赤三碧四祿不須逢二黑瘟黄多疾病
陰時不順用中宮文武二白從來吉既降福兮又消疾九
紫用時炎夏当自然吉慶福無疆

因象求義　形體卦位得失之內外取象會斷

端嚴高聳多護豪雄低小方員庶士富敦天人不起才高毐

名馬牛雞犬各得其極庫櫃艮坤財帛豐盈娥眉見美女

色傾城文筆坤申訟詞之與旌旗子午劫盜資生劍戟牙

刀龜雀琴形仙佛聖貪由此星評撼裙舞袖黎園間生倭女

臥尸夭亡人命乚辰辰交集懸梁厄真木瓢盂缽僧道齊人

寅甲葫芦瘋扁殘痼病尖峯南離火災常與印心旪馬回

瞽目生人瞎主側面忤逆没人摸背推肩險俊邪滛似砂

章仲山注《玄機賦》《元空秘旨》附《口訣中秘訣》《因象求義》等九種合刊　四七

非砂盜賊妖精青龍了口愛興輪盤左右挺對兄弟鬧爭

穴前傾瀉初年不寧屋有君臣禮義之聲連瓦接起倒不

勻簷枋椽爛不整不寧門扇濶狹左右有論左大換妻

右大孤伶墻壁射來了又不停怪石近前墮胎目疾釘訂目

中患眼瘡臃薑堆門前瘋顛鼻淵梁柱當門不順損人

屋小門大雜當欠債屋大門小財好丁少門扇穿破口舌

災禍上大下小產難當曉上小下大漏胎白帶圍口內門

媳罵公公左右門沖妯娌舌鋒家用曲木夫妻反目門

扇歌斜口角如麻壁枋倚斜夫妻眇睚軋高過吳夫強妻鈍

坤高獨峻欺夫碓論震大低空長房妻官門限高懸講口

搏拳籬墙浚沖指皆之風前浚樹對慈禍之崇碓向中畚

被人嚷酺十字路末窩賊貪才面前攤掌主敗家蕒震前如

抹牌夜不歸末盆形在前魝可不眠山不回頭軍流偷牛矽

如茅葉出盜打刧子路風末被盜失才並主鼠蟻瘡疼白

痾癸風過丁蝙蝠飛陣戌上独樹回祿鼓盆廟宇刷红瘟

火血淋藤遮樹近牽連禍滛狗樹戴笠僧道忤逆爛

眼樹對乳癰腫腎山地窩美平陽突與傍水發財尾稍

何寧壙土石光其家正興草稀男墓青葱女壙草死

土鬆白蟻最靈元駒棺水濕壙黃苔怪色內有蛇

葦泥色汙黑枵棺爛尸草根血痕枉死人壙草根枯焦直

屬男壙根潤發又陰人是真原葵保棺丁遲人陰欲言不

言懶疲惟性屯棺好見敗外象非形廉貞見火定尸化精仰

天文曲生毋巽門灯居一白獨瞎眼精若在二黑女雖臨盆

澁乞地与人符時通百寧夲主與隆煞變為文兆衰運

神

逆牙刀翻應陰陽地具得失當明熟記細察斷瑯瑯如

原目次

四明山人元空秘旨一書誠惟九星理氣之金針也但卦爻剝亦

而義象辭之斷驗似可不必太拘只求高峯為體理氣

為用因地相度因時制宜則得失內中揭附數種不無批

雜之媸逐節融會貫通又莫非陰陽剋擇之一助歟

不懂三元天運竟將先天卦体抄作抽爻換象殊為笑可此

道泯過知己共潭否則吶口深藏為禱

光
己卯二月廿日廣濟橋宗卻翁老夫子賜又月抄于朵芝
艸堂之西窓山初氏筆
又月廿九日午刻书

一